Piccoli lettori crescono

PIO IL TERRIBILE

Un pitone in giardino

EDUCANDO

Ciao! Sono Pio.
Ho un nome da bambino pacifico, ma invece mi hanno soprannominato "il terribile".
Certo, ogni tanto combino qualche guaio, ma capita a tutti, no? Di sicuro, mi ritrovo spesso a vivere con i miei amici avventure incredibili.
E questa che vi racconto è davvero fantastica...

Pio

Norma

Cartesio

Gioia
Emma
Alberico

Una domenica di grandi pulizie

Era domenica ed ero molto, molto arrabbiato.
Arrabbiatissimo. La mia camera era vuota!
Le grandi pulizie di primavera mi avevano lasciato sul nudo materasso del mio letto.
Non mi preoccupavo per le lenzuola e le coperte, di quelle ne abbiamo un armadio pieno.
Però la smania dei miei genitori di smontare, spolverare, lustrare e lucidare aveva travolto anche i miei giochi.
Tutto all'aria.

Per non parlare dei miei pupazzi, quelli che stavano sopra il mio letto per farmi compagnia di notte.
Erano finiti in lavatrice, frullati dalla centrifuga insieme al detersivo e all'ammorbidente.
Odio che lo facciano... e capita regolarmente una volta all'anno.
E mi stavano pure chiamando! Ma che cosa volevano tutti da me?!
Scavalcai papà che stava ritoccando le pareti della scala con pennello e pittura, sfiorai Norma che stava riponendo i libri sugli scaffali che profumavano di olio per il legno e raggiunsi la mamma, così almeno la piantava di urlare il mio nome.
Voleva che la aiutassi a stendere le vittime della lavatrice, che erano ammucchiate in una vaschetta di plastica azzurra. Presi l'orsetto stropicciato e il coniglio spiegazzato.
Lo feci con calma, con molta calma, apposta perché so che tutti detestano che io faccia le cose piano.
Anzi, prima di stendere l'orsetto feci pure un giro in tondo attorno allo stendino.
Fu per questo che diedi un'occhiata oltre la siepe di gelsomino e vidi il nostro vicino di casa.
Il signor Valerio è sempre stato un tipo strano: non ha mai salutato, non ha mai sorriso e se si accorge che lo guardiamo rientra in casa sbattendo la porta.

Quel giorno era più strano che mai.
Stava camminando piegato in due e spostava i fiori del suo giardino come se avesse perso qualcosa e non lo trovasse più. Era pure vestito in maniera strana perché, a guardare meglio, mi accorsi che aveva dei guanti da lavoro lunghi fino al gomito e degli stivali di plastica fino a mezza coscia.
Mi prese una gran curiosità.
Mi avvicinai alla siepe di gelsomino e, una volta che fui lì, non seppi resistere alla tentazione e mi arrampicai.
Il signor Valerio sentì il rumore, si girò, sbarrò gli occhi, sollevò un braccio guantato e mi puntò contro un dito.
Fu allora che sentii per la prima volta la sua voce, profonda e un po' rauca. Urlò: «Stai lontano! Non trovo più il mio pitone delle rocce!».

Tutti dentro!

Un pitone? Un serpente scomparso? Un lungo rettile smarrito?
Mi si gelò il sangue nelle vene.
No, non per il pitone, ma per lo strillo che la mamma lanciò.
Scattò di corsa, mi acciuffò per le ascelle e mi sembrò di volare mentre mi trasportava di corsa dentro casa.
«È scappato un pitone dalla casa del vicino!» annunciò mentre entravamo con la forza di un uragano.
Papà sbiancò e disse: «Guardo in giro, caso mai fosse entrato!»
Norma avrebbe voluto uscire a curiosare, ma papà la agguantò per la maglietta e la trattenne.
«Chiudiamo tutto!» ordinarono in coro i miei genitori.
In un batter d'occhio, ci trovammo tutti chiusi in casa, che non è la cosa più divertente del mondo... lo sanno tutti. Persino il nostro grosso e pigro gatto Cartesio era nervoso. Non si muove mai dal divano, ma l'idea di non poter uscire a guardare l'orizzonte sembrava pesargli tantissimo. Anche io sono un po' come i gatti: se mi proibisci una cosa desidero subito farla. Sarà per questo che mi chiamano "Pio il Terribile". In ogni modo, io non sono un gatto, ma un bambino.

Quindi, se sono nervoso, non agito la coda ma sbuffo e mi lamento e quindi mi sgridano. A volte penso che i gatti siano proprio fortunati.
All'improvviso, l'aria fu riempita dal suono di una sirena spiegata. Era tanto forte che mi tappai le orecchie per non sentirla, ma la sentivo lo stesso. Uffa.
Andammo tutti a spiare alla finestra. Al cancello del signor Valerio era arrivata l'auto della polizia locale con i lampeggianti accesi. Ne scesero due agenti che vedo spesso davanti alla scuola quando il traffico delle auto che vanno e che vengono si fa molto intenso.
Mi dispiaceva non sapere i loro nomi. Anzi, non li so nemmeno adesso. Devo ricordarmi di chiedere la prossima volta che li incontro. Arrivarono anche altre auto, ma non riuscii a capire di chi fossero.
I miei genitori tirarono le tende. «Se vedete troppo» disse papà, «potreste Impressionarvi.»

«Non ci impressioniamo, siamo grandi ormai» protestò mia sorella, agitando i due lunghi codini in cui raccoglie sempre i suoi capelli. Norma però non è grande, è solo alta.
Eravamo tutti e due curiosissimi, ma non ci fu verso di far riaprire le finestre. Secondo me, la verità era che erano mamma e papà a potersi impressionare più di me e Norma.
L'idea di passare il resto della giornata tappati in casa rendeva me felice come un sasso che deve rotolare in salita, papà allegro come un fiume senza acqua, mamma serena come una nuvola di temporale e Norma simpatica come l'elastico delle mutande quando è stretto.
Per fortuna avevamo un sacco di cose da riordinare, che ci avrebbero tenuto occupati.
La notizia del pitone smarrito stava facendo il giro della città. Appena ci mettemmo all'opera, squillò il telefono. La prima chiamata fu della nonna.
Nonna Iride, la mamma del papà, parlava tanto ad alta voce che sentivamo tutto anche se non c'era il vivavoce.
«Siete in salvo?»
«Sì, non preoccuparti» la rassicurò papà.
«Qui è sparito il cane della signora Giulia, quella del piano di sotto.»
«Come sparito?»
«Non lo vedo più, di solito è in giardino.»
«Magari lo hanno portato a fare una passeggiata.»

«No, lo sento abbaiare!»
«Se lo senti abbaiare, non è sparito.»
«Lo ha mangiato il pitone, te lo dico io.»
«Se abbaia, è vivo!»
«Magari è vivo dentro la pancia del pitone e non lo vedo perché il pitone si è nascosto...»
Stavo ridendo troppo per sentire come papà convinse la nonna a preparare una torta per distrarsi.
Subito dopo chiamarono le zie, gli zii e gli amici.
Dopo che ebbero chiamato tutti, era quasi sera e accendemmo la radio. Tutti i canali dicevano le stesse cose.
«Non addentratevi tra gli alberi, pestate i piedi prima di attraversare un terreno sassoso, se vedete il pitone chiamate i numeri d'emergenza e allontanatevi subito. Mantenete la calma e lasciate fare agli esperti.»
A forza di sentire le stesse cose, ci venne voglia di preparare una buona cenetta e ci mettemmo a cucinare mentre fuori il sole tramontava.
Che incredibile domenica!

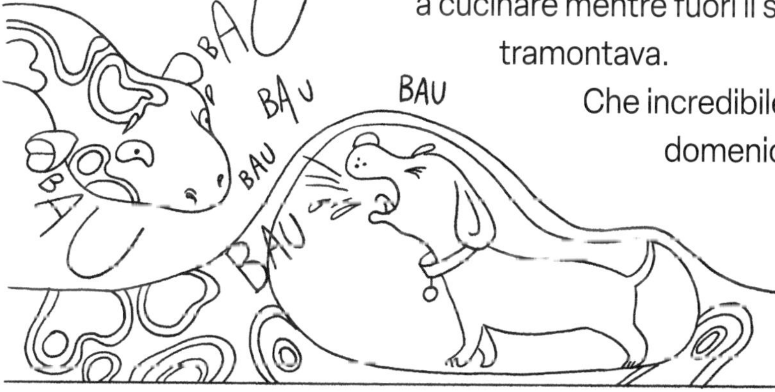

Certo che si va a scuola!

Ero convinto che con l'idea del pitone libero non ci avrebbero fatto andare a scuola e invece ci mandarono persino in anticipo. Dunque, il lunedì eravamo tutti in classe, anche se la maestra proprio non riusciva a spiegare niente perché eravamo tutti molto concentrati sulla questione del pitone.
Appena scoprirono che io ero il fortunato vicino di casa del tipo che allevava il pitone, mi riempirono di domande.
«Che tipo è il signor Valerio?»
«Lo sapevi che aveva un pitone?»
«Hai mai visto il pitone? Lo hai toccato?»
«Magari si è rifugiato in casa tua. Hai controllato bene?»
Avrei potuto vantarmi di sapere tutto e di averlo

addirittura abbracciato, il serpente. Così sarei rimasto al centro dell'attenzione per tutta la mattina. Io però sono sincero e le bugie non mi piacciono, quindi raccontai solo la verità: «Il signor Valerio non saluta mai ed è antipaticissimo. Nessuno di noi immaginava che avesse un pitone e abbiamo controllato la casa dalla cantina alla soffitta, ma il pitone non lo abbiamo trovato.»
La maestra provò a iniziare la lezione, ma dovette cedere e a un certo punto ci mise tutti in cerchio. Ci sistemiamo così quando abbiamo qualcosa che ci preoccupa e che dobbiamo affrontare. Ovviamente, parlammo di animali. La mia maestra si chiama Ariella ed è soffice e con un gran sorriso. Ci spiega sempre tutto con calma fino a quando non finisce la pazienza e allora diventa serissima e un po' spigolosa. Quando fummo tutti sistemati, si sedette anche lei sulla sua sedia, più grande della nostra e con i braccioli, e cominciò a raccontare con la sua voce calda, guardandoci in viso uno alla volta. Prima ci parlò delle varie specie di pitoni, per rassicurarci sul fatto che nessuna di loro ci avrebbe mangiato, poi aggiunse: «Ci sono animali che si possono tenere in casa e animali che stanno bene nel loro ambiente. Gli animali che possono vivere con noi sono soprattutto cani e i gatti. Sapete da quanto tempo i gatti vivono con l'uomo?»
«Noooo!» abbiamo risposto in coro.

E lei ha spiegato: «I gatti sono domestici da diecimila anni.»
«Come fai a saperlo maestra?» la interruppe Gioia, che è una delle mie migliori amiche.
«Gli archeologi hanno trovato lo scheletro di un gatto domestico in una necropoli, cioè un luogo di sepoltura, quello che oggi chiameremmo un cimitero, di diecimila anni fa.»
«Vivo?» a chiederlo era stato Giulio, che è simpatico ma non proprio sveglio.
Ridemmo tutti, ma la maestra non perse la calma.
«No, ma doveva essere stato molto amato, visto che venne sepolto accanto alla sua famiglia umana.
I gatti vivono felici con noi perché nei millenni hanno preso le nostre abitudini. Sono abituati alle attività umane, vivono bene negli stessi climi in cui viviamo bene noi e la nostra alimentazione non è molto diversa dalla loro, anche se adesso abbiamo cibo speciale per i mici.
Una volta mangiavano i nostri scarti e predavano i topi che potevano infestare i granai. Pensate che nell'antico Egitto i gatti erano considerati esseri speciali e quasi sacri.»
Emma, che è l'altra mia migliore amica della classe, alzò la mano e parlò prima che la maestra le desse la parola: «E i cani?»
«La storia della convivenza dei cani con gli uomini

è ancora più antica. Più di dodicimila anni!»
Partì una raffica di domande.
«E i pesci?»
«E gli uccellini?»
«E i criceti?»
La maestra ci fece cenno di tacere portando un dito davanti alla bocca.
«Tutti quelli che teniamo in gabbia o in una teca di vetro o in un qualsiasi spazio ristretto, sono prigionieri. Il cane e il gatto sono gli animali che possono vivere con gli uomini, a patto che abbiano abbastanza spazio e le loro abitudini siano rispettate. Tutti gli altri devono vivere liberi e sereni, perché ciascuno ha un ruolo per mantenere in vita il nostro pianeta. Non possiamo assoggettare gli animali, dobbiamo rispettarli!»
Dopo un bel po' la maestra iniziò la lezione di matematica.
Il primo esercizio fu contare le zampe degli animali.
Cominciammo con i serpenti e finimmo con i millepiedi.

Pessime notizie

A casa nostra la televisione è quasi sempre spenta. Pensiamo tutti che sia davvero molto noiosa!
Quel giorno però facemmo un'eccezione. Dovevamo essere aggiornati sugli ultimi sviluppi.
Accendemmo il televisore subito dopo pranzo, mentre mamma e papà stavano facendo il caffè.
Tutti i telegiornali dedicavano un sacco di servizi alla notizia.
Una giornalista con i capelli color paglia e una giacca verde mela teneva il microfono vicino alla bocca e faceva saettare gli occhi tutto intorno, come se si aspettasse che il pitone potesse arrivare da un momento all'altro, magari volando.
Con voce un po' tremante raccontava: «Quello smarrito è un pitone delle rocce africano, lungo circa cinque metri e del peso di circa sessantacinque chili. È di colore marrone chiaro con grandi macchie più scure...»
A quel punto si fermò, fece un gesto con una mano e aggiunse, titubante: «Tipo giraffa, ecco.»
Mentre lei descriveva, io me lo disegnavo nella mente.
Era più lungo della parete del salotto ed era bello grosso, accidenti.
Intanto, la giornalista stava continuando:
«Non è velenoso e al momento della scomparsa aveva

mangiato da poco. Non dovrebbe essere pericoloso per gli esseri umani, ma fate attenzione agli animali domestici. Se lo avvistate, non toccatelo, non fate nulla e chiamate subito uno dei numeri in sovraimpressione.»
Mamma e papà si segnarono il numero, mentre mia sorella Norma teneva gli occhi fissi sullo schermo, come volesse imparare a memoria tutte le parole che stavamo ascoltando.
La giornalista non aveva ancora finito e quello che raccontò dopo mi fece rizzare le orecchie.
«Abbiamo saputo che alcuni cittadini si stanno organizzando per battute di caccia. Le autorità raccomandano di non prendere iniziative!»
Feci un salto sulla sedia.

«Battute di caccia?!» chiesi. «Che cosa significa?»
Me lo spiegò papà:
«Ci sono persone che vogliono trovare e catturare il pitone.»
«E intendono ucciderlo?»
«Spero proprio di no...»
Lo sentivo dal tono della sua voce che non era sicuro di quel che stava dicendo.
«Stanno trasformando un povero animale in un mostro!» gridai.
«Per una volta hai detto una cosa giusta» disse mia sorella Norma.
È la cosa più gentile che mi abbia detto da quando sono nato.
Intervenne subito la mamma.
«Abbiamo saputo abbastanza per oggi! È ora di sparecchiare e di tornare ai nostri impegni.»
Non ce lo facemmo ripetere due volte. Non conviene far ripetere due volte le cose alla mamma!

Una ricerca interessante

Papà quel lunedì lavorava da casa e mamma aveva il giorno libero dall'ospedale. Papà si mise nello studio e mamma si sistemò in salotto.
Erano ciascuno davanti al proprio computer.
Io, se ho bisogno di usare uno dei loro PC per andare in rete devo chiedere il permesso. Non me lo concedono facilmente. Per questo, spesso faccio le ricerche usando i libri. Volevo saperne di più sul pitone delle rocce e per fortuna i nonni ci hanno regalato la loro vecchissima enciclopedia degli animali.
È talmente vecchia che non ha nemmeno le fotografie, ma bellissimi disegni. Anche se è vecchia, si può usare perché gli animali non cambiano velocemente

e le descrizioni sono sempre valide. I volumi erano pesanti e feci un bel po' di fatica a trovare quello giusto, ma sono un tipo sveglio e se una cosa mi interessa mi impegno tantissimo. Trovai il volume che mi serviva e andai subito alla pagina che dovevo leggere.
Le illustrazioni erano bellissime, più belle delle fotografie e non scorrono veloci come il video. Le scrutai centimetro per centimetro. Poi iniziai a leggere.
Scoprii un sacco di cose interessanti. Per essere sicuro di non dimenticare niente, annotai su un foglio le cose che mi sarei potuto dimenticare. Molte altre cose mi rimasero così impresse che me le ricorderò anche quando avrò cent'anni. Ecco cosa misi nel mio elenco:

- ✓ è il più grosso serpente africano;
- ✓ sa nuotare;
- ✓ gli piacciono gli spazi grandi e ricchi di vegetazione;
- ✓ gli piacciono i polli e i roditori ma anche i coccodrilli e le antilopi;
- ✓ siccome è un rettile ed è abituato a un gran caldo, a temperature più basse di quelle del suo habitat naturale può morire di freddo se non trova un punto in cui scaldarsi al sole.

Guardai l'orologio e mi ricordai che di solito il lunedì
mi vedevo con i miei amici al parchetto.
Corsi dalla mamma: «Posso andare, come al solito,
al parchetto insieme ai miei amici?»
La risposta della mamma arrivò insieme
a quella del papà, che si affacciò alla porta dello studio.
Lo dissero in coro: «No! È pericoloso!»
«Vado anch'io!» si aggiunse Norma. «Non possiamo
perdere l'appuntamento con i nostri amici.
Tra specialisti e gente normale ci sono talmente tante
persone in giro che il pitone non lo troviamo certo noi.»
Ci pensarono su un pochino prima di lanciarsi
in una sventagliata di raccomandazioni.
«State tutti insieme» ordinò la mamma.
«Non allontanatevi l'uno dall'altra» confermò papà.
«Non fate sciocchezze» aggiunse la mamma.
«Promettiamo» rispondemmo in coro Norma e io.
Era chiaro che volevano dire altro, ma finirono
per abbracciarci e ripetere: «State attenti.»
«Se vi affacciate dalla finestra, potete vederci»
fece notare Norma.
Per me, era chiaro che saremmo stati attenti.
Io, in fondo, sono un fifone!

Tutti al parchetto!

Mi preparai per uscire e presi dall'armadio il cappellino che mi aveva regalato il nonno. È un bellissimo cappellino azzurro con la visiera grande che il nonno Ermanno mi ha comprato quando siamo andati insieme al mare la scorsa estate. Mi ha detto di metterlo ogni volta che ho bisogno di sentirmi sicuro come quando lui mi dà la mano. Mi sembra persino di ragionare meglio! Lo indossai e uscimmo. Mia sorella Norma non vuole mai prendermi per mano, perché dice che siamo grandi, allora camminiamo in fila indiana stando attenti a non scendere mai dal marciapiede. Facemmo così anche quella volta. Il parchetto si vede già da casa nostra e quindi lo raggiungemmo in un paio di minuti. I miei amici erano già tutti lì. Poco lontano c'erano anche gli amici di Norma. Loro non mi degnarono di uno sguardo perché mi considerano troppo piccolo per la loro attenzione. Solo Linda mi sorrise, ma per forza: lei è nostra cugina, non può fare finta di non vedermi, altrimenti lo dico alla zia e la zia la sgrida. I miei amici erano già lì ad aspettarmi e mi corsero incontro. Il parchetto quel giorno era diverso da come lo conoscevamo. Di solito

è un posto tutto per noi, in cui vanno poche persone e sono bambini oppure anziani. Il motivo si capisce subito: tutti gli altri hanno da fare il pomeriggio.
Quel lunedì però le cose stavano in maniera molto diversa. Vedemmo un sacco di scene incredibili. Se non le avessi viste con i miei occhi non avrei mai creduto che ci fossero in giro tanti mattacchioni.
Gioia indicò un punto non molto lontano da noi.
«Guardate là! C'è un cespuglio che cammina!»
Ci prese un colpo. Ma poi ci ricordammo che Gioia è molto miope, cioè vede molto male da lontano.
Però lei non porta mai gli occhiali perché non le piacciono e così a volte vede cose che non esistono. Allungammo lo sguardo e quel che vedemmo ci lasciò a bocca aperta. C'era un signore che aveva una tuta mimetica, cioè felpa e pantaloni con i colori del bosco: marrone, marroncino, verdino e verdone.

Camminava con le gambe piegate e frugava
tra i cespugli armato di arco e frecce. E avevano appena detto di non fare una cosa del genere! Che pazzerellone.
Superato il primo stupore, scoppiammo a ridere, tanto da avere le lacrime agli occhi.
Emma fu la prima a smettere di sghignazzare e ci chiese:
«E quella?»
Indicò una signora che se ne andava in giro con un grosso sacco di tela. Quando capì che parlavamo di lei, la signora si voltò e ci diede un'occhiata cattivissima.
«Che cosa volete da me?»
«Niente!» mi affrettai a rispondere io.
«Che cosa ci fa con quel sacco?» chiese invece Alberico.
A lui i grandi rispondono sempre, anche quando fa domande che non bisogna fare. Forse gli danno retta perché sembra un adulto in miniatura.
«Voglio catturare il pitone» rispose la signora, e precisò: «Se lo acchiappo, lo uccido e con la sua pelle mi faccio la borsetta, le scarpe e pure la cintura.»
Quelle parole ci lasciarono lì per lì senza parole, ma subito dopo ci fecero molto arrabbiare.
«Si vergogni!» le urlai contro. La signora divenne tutta rossa e se ne andò facendo l'indifferente. Ma si vedeva che faceva finta. La seguii con lo sguardo fino a quando fu ben lontana dal parco. Non per niente mi chiamano Pio il Terribile.

Il nostro solito posto

Dopo lo scambio con quella signora antipaticissima, dissi ai miei amici: «Ho fatto una ricerca sul pitone delle rocce. Volete sapere che cosa ho scoperto?»

«Certo» disse Alberico.

«Sì!» esultò Gioia.

Emma non disse nulla e sorrise.

I miei amici sono sempre curiosi di ogni novità, proprio come me. È per questo che andiamo d'accordo.

Ci sistemammo al nostro solito posto e cioè al tavolino da picnic che sta vicino alla strada. Avevamo tutti un po' paura di trovarci il pitone in mezzo alle gambe e quindi facemmo ben attenzione a dove mettevamo i piedi, anche se era molto improbabile che un grosso serpente si avvicinasse tanto alla strada. Non sarebbe stato a suo agio. Noi, invece, eravamo proprio comodi.

«Dai, racconta!» mi spronò Emma.

Mi aggiustai il cappellino azzurro e cominciai:

«Il suo nome scientifico è *Python sebae*.»

A me piace sapere le cose esatte e loro lo sanno.

Erano comunque tutti ammirati.

«Come hai fatto a impararlo a memoria?!» mi chiese Gioia.

«Quando le cose interessano, si impara tutto!»

«*Python sebae*» ripeté Gioia. Ho amici davvero fantastici!
«Vai avanti» mi incoraggiò Alberico.
E io continuai: «Vive sotto il Sahara, che è un deserto grandissimo!»
«Sotto nel senso che abita sotto la sabbia?» mi domandò Emma.
«No, sotto nella cartina» precisai.
Emma scrollò la testa e le sue fittissime treccine fecero tutta una giostra attorno alla sua fronte.
«Si dice a sud allora, lo ha spiegato la maestra. Non te lo ricordi?»
«Volevo parlare facile...» mi scusai.
«Siamo piccoli, non stupidi!» mi rimproverò Gioia.
E aveva ragione!
«Va bene» ripresi «vive a sud del Sahara e appartiene alla categoria dei serpenti giganti. È abituato a vivere molto al caldo...»
«Allora qui avrà un gran freddo» mi interruppe Gioia.
«Proprio così» sospirai e subito proseguii «Anche se è grosso, quando si muove sembra leggero perché non striscia in avanti come fanno di solito i serpenti. Ondeggia e si sposta come se camminasse di lato, ed è abbastanza veloce.»
I miei amici si guardarono attorno un po' preoccupati.
Lo feci anche io, lo ammetto. L'ho detto, sono un fifone!
Alberico era il più preoccupato di tutti: «Cosa mangia?»

«Mangia uccelli e animali selvatici che trova.
Non è velenoso e soffoca le prede avvolgendole
nelle sue spire.» gli risposi.
«Che cosa sono le spire?» volle sapere Emma.
Avevo visto l'illustrazione e glielo spiegai.
«Le stringe perché gli si arrotola attorno.
È molto forte! Riesce a ingoiare anche animali
molto più grossi di lui. Dopo che li ha messi nella pancia
resta fermo per un po' perché deve digerire.
Può mangiare ogni settimana o anche ogni due.»
«Alla radio hanno detto che aveva mangiato due giorni

prima di sparire» precisò Alberico, che è uno molto attento ai dettagli.
«Allora per un po' possiamo stare tranquilli» sospirò Gioia, sollevata.
«Noi sì, ma lui no» fece presente Emma «Di sicuro ha freddo e non sa dove andare. Sarà disperato.»
Eravamo tutti molto tristi per il pitone che stava soffrendo, anche se tutti eravamo terrorizzati all'idea di incontrarlo.
Era una situazione molto ingiusta.

Povero pitone!

Gioia aveva la faccia serissima quando disse: «Ha ragione la maestra, bisognerebbe tenere solo animali che possono vivere liberi con l'uomo.»
Emma provò a farci sperare: «Magari riesce a tornare a casa da solo.»
«Non è casa sua, qui» protestò Alberico. «Lui vive bene a sud del Sahara! Tutti hanno il diritto di vivere in un posto adatto ai loro bisogni. Pensa se portassero noi al Polo Nord oppure nella bocca di un vulcano.»
«Si chiama cratere» precisai. «La bocca del vulcano si chiama cratere.»
«Sei terribile!» sbuffò Gioia.
«Lo so.» e feci l'occhiolino.
«Alberico ha ragione» intervenne Emma. «Tutti stanno trattando questo pitone come se fosse un mostro, ma il vero mostro è chi lo ha portato a vivere qui.»
«Pensate al viaggio lunghissimo che ha dovuto fare» disse Alberico. «Vi sembra normale che un animale sia costretto a fare un viaggio tanto lungo per venire a vivere male?»
Se fosse stato lì il nonno avrebbe detto che ci eravamo "infervorati" e cioè che eravamo così dentro alle emozioni di quel che stava accadendo che vibravamo.

Emma quasi urlò: «Pensa a tutti i poveri uccellini che potrebbero volare liberi nel cielo. Il cielo è infinito e le gabbie sono piccolissime.»
«In cielo volerebbero con il loro stormo e invece in gabbia sono da soli. Che tristezza!» mormorò Gioia.
«Esattamente come i pesci negli acquari.» aggiunse Alberico.
«Giusto!» intervenne Emma. «Anche l'acquario più grande è come un ditale a confronto con un fiume, un lago, il mare... oppure l'oceano!»
Alberico iniziò a gesticolare, come fa quando è molto coinvolto: «È come se noi dovessimo passare tutta la vita chiusi nel bagno della scuola. Non basta certo bere, mangiare e avere un posto dove fare i tuoi bisognini. A tutti piace essere liberi, agli uomini quanto agli animali.»
«Mi sento triste e mi sento anche molto arrabbiata per tutto quello che stiamo dicendo» ammise Emma.

«Possiamo fare qualcosa?»
La domanda l'aveva posta Gioia ed era una gran bella domanda. La prima risposta fu quella di Alberico: «Possiamo promettere di non prendere mai nessun animale che non sia abituato a vivere con gli uomini da almeno diecimila anni!»
«Ci sto!» promisi.
Emma prese l'impegno mettendo una mano sul petto: «Lo prometto anch'io.»
«E io pure» aggiunse Gioia.
La nostra immaginazione stava elaborando immagini di povere bestiole prigioniere, ma senza voce per lamentarsi. Siamo tipi sensibili noi e sappiamo immaginare anche con il cuore. Per questo avevamo ancora molto da dire. Alberico alzò la mano come se fosse a scuola, poi si ricordò che eravamo al parchetto e la abbassò cominciando subito a parlare.
«Pensate poi a quei poveri animali che vengono allevati solo per essere ammazzati perché usiamo le loro pellicce per andare in giro a farci belli.»
Rabbrividii: «Che orrore!»
«Non metteremo mai le pellicce!» strillò Emma.
«Promesso!» disse Gioia. Poi aggiunse: «Io però vorrei fare qualcosa di più...»
L'idea di un po' di azione emozionava tutti.
«Per esempio?» domandai.

Un grande piano

A me e ai miei amici piace tantissimo fare piani. Siamo fortissimi perché se ci pensiamo bene ci vengono idee grandiose. Alberico si mise a grattarsi un orecchio. È il suo gesto preferito quando si concentra.
Gioia tolse gli occhiali dalla tasca della tuta e li inforcò. Le piace vederci chiaro mentre pensa. Non so perché gli occhiali non li metta mai. Trovo che le stiano benissimo. È ancora più bella quando li indossa.
E poi, quando vede giusto smette di dire cose che fanno ridere. Quando ha gli occhiali le sorrido sempre, per incoraggiarla a tenerli. Per ora non funziona granché, ma sono fiducioso che un giorno capisca anche lei che le donano molto.
Emma si mise nella sua posizione preferita: appoggiò la testa sul tavolo, con la mano sotto la fronte.
La maestra all'inizio pensava che dormisse, poi ha imparato a conoscerla e adesso la lascia stare. Una volta si è davvero addormentata, ma è stato un caso. Io, invece, quando penso fisso un punto davanti a me e finisce sempre che mi ritrovo la lingua tra i denti. È un po' ridicolo, ma che ci posso fare? Quando ho il cappellino me lo calo bene in testa perché così mi sembra di sentire i consigli del nonno.

La prima a parlare fu Emma.
«Come potremmo aiutare tutti gli altri animali prigionieri? Potremmo liberare tutti gli uccellini.»
Ero perplesso: «Come facciamo!»
«Se hanno le gabbie all'aperto, apriamo gli sportelli.» spiegò Emma.
«E se la gabbia è su un balcone al terzo piano?» domandò Alberico.
«Mi è venuto in mente!» esultò Gioia.
«Che cosa?» le chiedemmo tutti insieme.
«Che un amico di mio cugino, che è più grande di me, ha una tarantola.»
Emma corrugò la fronte: «Che cos'è una tarantola?»
«Un ragno peloso, non molto velenoso...» e Gioia mosse le dita come se fossero le zampette di un ragno «E la sua teca è grande quanto una scatola da scarpe»
«Povero ragno» borbottò Emma.
«Un'amica di mia zia ha un'iguana» intervenne Alberico.
«Che ingiustizia» si lamentò Gioia.

«Andiamo a liberare qualsiasi animale sia prigioniero.» annunciò Alberico, che sembrava pronto a partire in quel momento stesso.
«Tutto da soli?» Lo domandai perché ero curioso di capire come avremmo potuto affrontare un'impresa tanto grande... In fondo eravamo quattro bambini!
Alberico non perse l'entusiasmo. «Siamo un gruppo, possiamo fare tutto!»
Emma schioccò le dita come chi ha un'idea che si accende in testa: «Facciamo una mappa con i punti dove gli animali sono ingiustamente prigionieri e poi li liberiamo uno alla volta.»
Mi aveva convinto: «Quando cominciamo?»
«Decidiamo domani» annunciò Alberico.
«Perché non decidiamo oggi?» chiesi io.
«Perché è ora di tornare a casa a fare i compiti.»
Sospirammo tutti. Era bello restare lì, ma il dovere ci chiamava. In effetti, faceva pure un po' freddino.
Ci alzammo per tornare tutti alle nostre case. Feci un cenno di saluto a Norma, che mi strizzò l'occhio.
Quando è con i suoi amici non è mai molto affettuosa.
Chissà che cosa direbbero Mariam e Nicolas se sapessero che a casa mi riempie di coccole.
Resterà un segreto tra noi!

Sulla strada di casa

Un vento leggero mi faceva venire i brividi alla schiena e quindi allungai un po' il passo per scaldarmi.
Non sono proprio uno sportivo, ma ogni tanto mi piace correre. Come ho già detto, il parco si vede dalla finestra di casa.
Il tratto di strada da fare è breve e la zona è molto frequentata. Anche la sera ci sono sempre persone che vanno e che vengono a piedi o in bicicletta.
Quando torno dal parchetto trovo sempre qualcuno che in auto entra o esce dalle case vicine alla nostra.
Quella sera invece la strada era molto diversa.
Non c'era nessuno. Era deserta. Mi sentii un po' inquieto.
L'ultimo tratto lo feci alla velocità di un finalista delle olimpiadi, tenendomi il cappellino fermo con la mano per non perderlo.
Suonai il campanello con una certa energia. Devo aver dato un gran trillo, perché mentre il cancelletto si apriva con uno scatto, dalla finestra si affacciava la mamma con l'espressione preoccupata.
«Tranquil...» volevo dire 'tranquilla', ma le parole mi morirono in gola.
Qualcosa in effetti stava succedendo, ma non a me: al nostro stendino!

Già, perché i miei pupazzi di pezza erano ancora stesi in attesa di asciugarsi e lo stendibiancheria era rimasto sotto il portico all'ingresso. Tutti sappiamo come è fatto uno stendino: una struttura in metallo con tanti fili ai quali si appendono abiti e cose che poi si fermano con le mollette da bucato. Soprattutto, gli stendini stanno fermi. Tutti gli stendini sono così, ma il mio in quel momento aveva un aspetto parecchio differente. Per prima cosa, saltellava. Andava su e giù e si scrollava come se ogni tanto perdesse l'equilibrio. E poi era tutto storto. C'era qualcosa avvolto attorno. Qualcosa di marrone chiaro con delle chiazze marrone più scuro che ricordavano proprio... il mantello di una giraffa. Aprii e chiusi gli occhi un paio di volte per essere sicuro di vedere bene. La scena restava sempre quella. Impossibile avere dubbi: il pitone che tutti cercavano era davanti a me. Non solo: stava cercando di farsi una scorpacciata dei miei pupazzi. In quel preciso momento stava cercando di mangiare la mia scimmietta giocattolo. Trovai la voce per sussurrare.

«Mamma, entro dalla finestra della cucina, me la apri?»

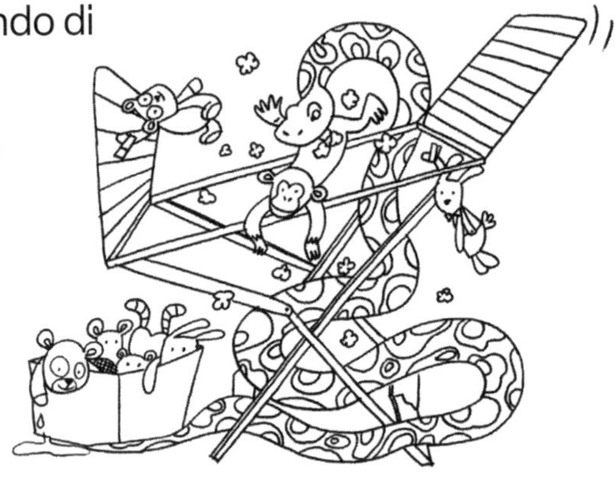

La mamma sparì dalla finestra e alla porta apparve papà. Lo stendino era molto vicino alla porta e iniziai ad agitare le braccia, ma non a urlare perché non sapevo se sentire voci allarmate potesse spaventare il pitone. Dovevo salvare il mio papà e il cuore mi batteva nel petto come un tamburo impazzito.
Quando la mamma apparve alle spalle di papà, pensai che sarei svenuto per la paura.
«Fermi lì!» ebbi il coraggio di dire, puntando il dito indice in direzione del pericolo.
I miei genitori si trasformarono in due statue di marmo. Gli occhi di tutti e due passavano da me al pitone al punto in cui si trovavano. Era come se stessero tracciando delle linee immaginarie per calcolare la distanza che ci separava dal pericolo di essere attaccati.
Parlottarono tra loro, ma non sentii nulla, anche perché lo stendino aveva iniziato a emettere degli scricchiolii metallici terribili. Il pitone stringeva e doveva essere molto forte, perché lo stava accartocciando.
Non avevo il coraggio di guardarlo bene, ma pareva che volesse ingoiare troppe cose insieme e la sua bocca era diventata orribilmente grande.
Fu in quell'esatto istante che sentii la voce di Norma alle mie spalle.
«Che ci fai fermo lì in mezzo?»

Un rientro memorabile

Norma stava avanzando a passo veloce lungo il vialetto di pietra.
Io non mi girai, ma le dissi: «Norma, il pitone è qui!»
«Cosa?!»
In un attimo fu accanto a me e sentii che stava trattenendo il respiro.
«Non voglio essere mangiato» sibilai a denti stretti.
Mia sorella mi mise una mano sulla spalla e disse la cosa più bella che potesse dire in quel momento: «Ci sono io con te. Nessuno potrà mangiarti.»
Mamma e papà erano sempre sulla porta e si stavano guardando dritti negli occhi.
Li vidi muoversi veloci come pensavo che accadesse solo nei film. Partirono per fare il giro largo del portico, in maniera da non dover passare accanto allo stendino.
Papà arrivò come un supereroe. Non aveva il mantello, lo so, ma io me lo ricordo come se avesse un drappo rosso che gli sventolava dietro la schiena.
Mamma si affrettò come un colpo di vento e ai miei occhi era come se si muovesse senza toccare terra, avvolta in una nuvola scintillante.
Papà si caricò Norma in spalla raccogliendola come si coglie un fiore. La caricò in spalla

e fuggì verso il retro della casa. Io mi trovai tra le braccia della mamma, stretto al suo petto, in viaggio nell'aria. Ci ritrovammo tutti sotto la tettoia dove di solito parcheggiamo l'auto. Mamma e papà erano palliducci e con il fiatone. Io e Norma avevamo l'aria di due che hanno giocato a prendersi con i fantasmi. Finimmo tutti stretti in un abbraccio che sento ancora adesso se solo ci penso.

«Siamo salvi!» esultai.

«Siete stati fantastici» disse Norma ai nostri genitori.

Aveva proprio ragione, ma loro due ci tenevano ancora stretti e intanto pensavano ad altro.

Mamma tolse il telefono dalla tasca dei calzoni.

«Qualcuno ricorda i numeri che davano alla TV? Li ho scritti su un foglio, ma il foglio adesso è in cucina.»

Papà si grattò la barba e poi suggerì: «Chiamiamo il numero unico per le emergenze, il 112.»

Mamma compose le tre cifre e intanto fece notare preoccupata: «Bisogna anche salvare il pitone. Se il pitone mangia tutti quegli animali di pezza finirà per soffocare!»

Passato un pericolo, ne cominciava un altro.

Il salvataggio

Un quarto d'ora più tardi, davanti a casa nostra c'erano un sacco di auto della polizia, ambulanze con lampeggianti accesi e una piccola folla in cui si mescolavano vicini di casa, giornalisti e curiosi.
Qualcuno con una divisa che non riconobbi cercava di tenere tutti a distanza di sicurezza.
Il nostro stendino era un ammasso di ferri da buttare e i miei pupazzi erano in buona parte ridotti a un cumulo di stracci e di imbottitura sparpagliata tutto attorno.
Non lo avrei mai immaginato, ma tutti quei giochi che avevo tanto amato erano pieni di gommapiuma e di ciuffi bianchi che sembravano cotone, ma erano di una materia sintetica.
E il pitone?
Lui dormiva.
Per meglio dire, lo aveva addormentato un veterinario specializzato, che gli aveva sparato un piccolo dardo sedativo. Un dardo sedativo è una puntura di uno speciale sonnifero che viene sparata con un attrezzo fatto apposta.
I miei genitori non avevano voluto che ci avvicinassimo, ma avevano guardato per noi e ci avevano riferito ciò che era accaduto.

Dalla gola gli avevano tolto i pupazzi che aveva già ingerito, ma serviva un intervento per salvarlo da quello che gli era già finito nello stomaco.
Il signor Valerio era arrivato tra i primi e quando aveva visto il pitone si era quasi messo a piangere tanto era contento. Però nemmeno lui ha avuto il coraggio di avvicinarsi prima che il veterinario lo addormentasse!
Quando il pitone è stato messo sulla barella, il signor Valerio gli ha fatto una carezza leggera e ha seguito lo specialista che lo stava portando in un ambulatorio fuori città per l'operazione.

«Il pitone continuerà a vivere nella casa qui a fianco?» volli sapere. Mia sorella, che aveva capito male la mia domanda, mi mise un braccio sulle spalle.
«Ci sono io a proteggerti!»
«Lo apprezzo» le dissi «ma non sono preoccupato per me, ma per lui, il povero pitone, di nuovo prigioniero in una casetta.»
Mia madre, invece, aveva compreso subito quello che intendevo, e infatti intervenne: «Penso che quell'animale verrà messo in salvo e poi portato in un luogo più adatto per la sua vita.»
«Brava, signora! Ha proprio ragione.»
A parlare era stato un signore alto e magro, con i capelli ricci e una lunga barba nera, che indossava un paio di guanti protettivi di lattice e teneva in mano una valigetta simile a quella di un dottore. Non lo avevo mai visto prima.

Un paio di spiegazioni

L'uomo alto e con la lunga barba nera si presentò come il dottor Paride Achillini, veterinario.
Non lo avevamo mai visto prima perché è specializzato in animali esotici, che significa venuti da lontano.
Noi di solito andiamo dalla nostra veterinaria che si chiama Lucia Verderame ed è specializzata in "animali d'affezione" e quindi vede soprattutto cani e gatti.
Il dottor Paride aveva voglia di chiacchierare e, siccome aveva finito il suo lavoro e il nostro giardino si stava svuotando, lo invitammo a entrare per un caffè.
Seduti in salotto, mentre io ancora mi stringevo alla mamma e Norma stava seduta stretta nella stessa poltrona con il papà, Paride ci raccontò un bel po' di cose interessanti. «Gli animali esotici sono delicatissimi. Si ammalano più facilmente perché non vivono nel clima adatto a loro e mantenere un'alimentazione corretta è impegnativo e complicato.»
Stavamo tutti attenti e continuò: «Se poi si tratta di animali che non hanno una vita di branco e sono predatori, non si affezioneranno mai all'umano che li ha comprati. Prendono confidenza, ma la loro natura resta uguale e non è fatta per abitare in una casa.»

«Si possono comprare questi animali esotici? E dove?»
La domanda l'aveva fatta papà; mi colpì molto e spalancai le orecchie per non perdermi nemmeno una parola della risposta.
«Esistono rivenditori autorizzati, ma troppo spesso si tratta di esemplari che vengono portati di nascosto e moltissimi muoiono durante il viaggio.»
Un brivido di orrore mi corse lungo la schiena.
Norma si alzò e venne a sedersi accanto a me.
«Si può impedire?»
Bella domanda! Avrei voluto farla anch'io.
«Si fa il possibile, ma impedirlo del tutto non è stato possibile perché c'è gente sciocca disposta a pagare molto per avere un animale raro. Pensate che commerciano di nascosto persino animali a rischio di estinzione.»
Il mio cuore stava diventando tristissimo, e mi scendeva una lacrimuccia.
Il veterinario mi guardò. Gli sorrisi.
Lui ricambiò il mio sorriso e si rivolse a me:
«Senti, sappi che non potrai liberare nemmeno tutti i canarini e i criceti e i pesciolini che vivono in casa della gente. Sarebbe bellissimo, ma l'unica possibilità è far capire a tutti che dobbiamo smettere di torturare questi esseri deliziosi. Che dobbiamo smettere di crederci i padroni del pianeta!»

Avevo gli occhi di tutti puntati addosso.
Mia madre sorrise: «Pio non andrebbe mai a liberare canarini e pesciolini, mi sembra un'idea bella ma tanto bizzarra.»
Io arrossii di colpo. «Per essere sincero» ammisi «ne abbiamo parlato al parchetto.»
«Lei come fa a saperlo?»
La domanda era uscita dalla bocca di Norma ed era rivolta al veterinario.
«Vado spesso al parchetto quando ho tempo. Mi piace leggere all'ombra degli alberi.»
«Non mi ero accorto di lei» ammisi.
«Ma io mi sono accorto di te e dei tuoi amici. Siete proprio dei tipetti svegli.»

Come andò a finire

Il martedì mattina a scuola fui costretto a ripetere centinaia di volte la storia del salvataggio del pitone.
Dedicammo tutta la mattina a quell'avvenimento.
Scrivemmo testi, creammo disegni e parlammo tantissimo.
Il signor Valerio adesso ha un cane che porta a spasso tre volte al giorno e sembra che i due vadano d'amore e d'accordo.
Il pitone è stato trasferito in un centro di tutela degli animali esotici.
Lo stanno abituando alla libertà un pochino alla volta.
Infatti, gli animali che vivono in prigionia spesso devono imparare di nuovo a cavarsela da soli, perché non ne sono più capaci.
In effetti, basta pensare al fatto che quel pitone si era messo a mangiare i miei pupazzi di stoffa e gommapiuma!
Pare che ci voglia ancora qualche mese e poi andrà in un rettilario prima di trovare il modo di riportarlo nel territorio a sud del Sahara dove avrebbe dovuto rimanere, perché solo là la sua vita potrebbe essere felice.
Ogni tanto al parchetto rivedo il dottor Paride,

il veterinario. Appena mi sente arrivare, alza gli occhi dal libro che sta leggendo e mi fa un cenno di saluto con la mano accompagnato da un sorriso.
A casa abbiamo comprato uno stendino nuovo.
Io ne ho un po' approfittato per farmi regalare dei pupazzi nuovi, lo ammetto.

È stata una bellissima avventura.

Ci vediamo alla prossima!

Piccoli lettori crescono

La collana propone una serie di testi dedicati a promuovere tra i bambini della fascia di scuola primaria corretti comportamenti di cittadinanza attiva e responsabile. La narrativa rappresenta così, a casa e a scuola, un fondamentale e divertente supporto all'Educazione Civica.
Si tratta di testi pensati per due livelli di capacità di lettura, tipicamente 6/7 anni e 8/10 anni.
I due livelli sono caratterizzati dalla presenza di personaggi-narratori in cui i giovani lettori si potranno identificare: il piccolo Pio, detto il terribile, e sua sorella più grande Norma, detta la dritta.
Entrambi sono coinvolti, insieme al gruppo di amici, in avventure divertenti e situazioni che permettono di esprimere valori di cittadinanza, sostenibilità ambientale, correttezza di rapporti interpersonali, uso responsabile delle tecnologie.

Dopo la piacevole lettura, le bambine e i bambini potranno approfondire i contenuti grazie alle schede di lavoro disponibili online su
https://www.edicart.it/it/piccoli-lettori-crescono/